15 centimes la Livraison.

CHANSONS ET PASQUILLES LILLOISES
Par DESROUSSEAUX

4me volume.

Liquette
ou
CONSEILS A UNE JEUNE FILLE QUI DOIT SE MARIER.

Air nouveau de l'auteur,

Noté dans l'Almanach Mes Etrennes (1861).

Quand Célestin m'a d'mandée in mariache,
Pour gouverner n' connaichant rien du tout,
J'ai pris consel d'eun' femm' du voisinache,
Qui conduijot s'n homm' comme un p'tit toutou.
   Cheull' bonn' gross' commère,
   D'êt' consulté', bien fière,
   D'un ton résolu,
  Tout aussitôt, m'a répondu :

   « N'obli' jamais, Liquette,
   Qu' pour nous in faire aimer,
   I faut savoir les m'ner,
   Ches homme', à la baguette. »

1863

« Là, comme in tout, ch'est l' prémier pas qui coûte :
Sitôt mariée, à t'n homm' dit douchett'mint,
« In l' cajolant : « Ah ça ! Tintin, acoute :
Dins sin ménache eun' femm' dot t'nir l'argint. »
   I te l'laira faire,
   N'osant déjà t' déplaire,
   Et, quand te l' vodras,
 Pa' l' bout du nez te l' conduiras.

  « N'obli' jamais, Liquette,
  Qu' pour nous in faire aimer,
  I faut savoir les m'ner,
  Ches homme', à la baguette. »

« Comme un infant qui jue avé s'n hochette,
Dès ch' moumint-là, te r'mueras ch' biau cadet,
Car, aïant l' *sac*, il est certain, fillette,
Qu'eun' femme est reine, et s'n homme un p'tit varlet.
   Comprinds bien ch' principe :
   I n' peut ni feumer s' pipe,
   Ni boire un canon,
 Ni s' fair' raser sans t' permission.

  « N'obli' jamais, Liquette,
  Qu' pour nous in faire aimer,
  I faut savoir les m'ner,
  Ches homme', à la baguette. »

« I faudra bien, pourtant, dimanche' et fiêtes,
Sans trop d' façon, li donner d' quoi payer,
Au cabaret, eun' douzain' de canettes,
Mais, te s'ras là, toudis, pou' l' surveiller.
   Sans r'douter ses r'prôches,
   Faudra fouiller ses poches,
   Quand i dormira,
 Pour ravoir l'argint qui rest'ra.

« N'obli' jamais, Liquette,
Qu' pour nous in faire aimer,
I faut savoir les m'ner,
Ches homme', à la baguette. »

« Et pour tâcher qu'i n' devienn' point volache,
(Ches capons d'homme' i sont si capricieux!)
Fais-l' rhabiller par un fripier, et tâche
D' bien t'arringer pour li donner l'air vieux.
  Grâce à ches finesses,
  (L'air vieu' et point d'espèces),
  Ch'est l' roi des futés,
S'i t' fait des infidélités.

« N'obli' jamais, Liquette,
Qu' pour nous in faire aimer,
I faut savoir les m'ner,
Ches homme', à la baguette. »

« T'aras bien soin d'êt' toudis bien r'quinquée,
Pour t'in aller, à deux, bras d'sus, bras d'sous ;
Par des lurons n' crains point d'êt' trop r'luquée,
I n'y-a point d' ma de l' rinde un peu jaloux.
  J'ai vu, dins m' jeunesse,
  Imployant ch' tour d'adresse,
  Qu'un cœur n'a du prix,
Qu'autant qu'i court risque d'êt' pris.

« N'obli' jamais, Liquette,
Qu' pour nous in faire aimer,
I faut savoir les m'ner,
Ches homme', à la baguette. »

« Et s'i t'arrive un jour eune algarade ;
S'i t' cach' dispute, i faut juer au pus fin :
Verse des larme', et, huit jours, fais l' malade ;
Dépins'-li tout, in méd'cine et méd'cin.
   Si te ju' bien ch' rôle,
  Mêm' sans dire eun' parole,
   J'offre bien d' parier,
 Va, qu'i n'os'ra pus t' contrarier.

  « N'obli' jamais, Liquette,
  Qu' pour nous in faire aimer,
  I faut savoir les m'ner,
  Ches homme', à la baguette. »

Pindant deux heure', infin, cheull' mach' commère,
M'a défilé sin cap'let, grain par grain,
Tout in m' dijant : « Ch'est les consels d'eun' mère,
Si te les suis, te n' t'in r'pintiras point. »
   J'ai dit : « Soyez sûre,
  Femm', que j' n'ai point l' tiêt' dure. »
   Et d' fait, sans m' vanter,
 De l' leçon j'ai su profiter.

  Et j'ai vu, foi d' Liquette,
  Qu' pour nous in faire aimer,
  I faut savoir les m'ner,
  Ches homme', à la baguette.

Mes Portraits

Air de *P'tit-Price*, de l'Auteur.

Noté dans le 3ᵉ volume.

Quand un peintre vot min visache,
I pins' qu'i m' croqu'ra facil'mint ;
Et si j' li dis : Mets-te à l'ouvrache,
Pour fair' min portrait jolimint,
Avecque l' pus grande assurance,
I prétind qu' cha s'ra bien tapé…
I s' flatt' d'attraper m' ressemblance,
Mais ch'est li qui s' trouve attrapé.

    N'y-a point d'homme in France,
    Comm' mi, vous l' direz,
    Aïant si peu d' chance
    Avec ses portraits.

Quand, pou' l' prémièr' fos, j' l'ai fait faire,
J'éto' à Caen, in garnison.
Ch'étot pour consoler m' bonn' mère,
Triste de n' pus vir sin garchon.

Hélas ! min visache in peinture,
Etot si différint du mien,
Qu'ell' m'a seul'mint r'connu, j' vous l' jure,
A m'n habit d' soldat-musicien.

  N'y-a point d'homme in France,
  Comm' mi, vous l' direz,
  Aïant si peu d' chance
  Avec ses portraits.

Eune aut' fos, j' fais faire eun' gravure
Par un artiste d' mes amis,
Bien r'nommé, pour faire l' figure,
Dins tout Lille, et même à Paris.
Il y met, mêm' pus que d' coutume,
Tout sin savoir, et tout sin temps ..
Quand on l' l'a vu dins min volume,
On m'a trouvé vieilli d' quinze ans.

  N'y-a point d'homme in France,
  Comm' mi, vous l' direz,
  Aïant si peu d' chance
  Avec ses portraits.

J' l'ai fait fair' par un lithographe...
I m'a donné l' teint blanc d'un mort.
J' l'ai fait fair' par un photographe... (*)
Ah ! ch'ti-là, ch'est incor pus fort :
I n'a d' vrai qu'un air de famille,
Car, au dir' de tous mes voisins,
Rassemblés pour vir cheull' guénille,
Ch'est l' vif portrait d'un d' mes cousins.

(*) Le vrai peut quelquefois n'être pas vraisemblable.

N'y-a point d'homme in France,
Comm' mi, vous l' direz,
Aïant si peu d' chance
Avec ses portraits.

Un jour, ch'est bien eune aute affaire,
Je r'chos l' visit' d'un biau luron,
Qui s' dit sculpteur, et qui veut m' faire
Chin qu'il appelle un médaillon.
I parle d'esposer ch'l ouvrache
A l' vitrin' d'un marchand d' papier...
In mi-mêm', j' dis : « Queu damache !
» Incore un qui veut m'estropier ! »

N'y-a point d'homme in France,
Comm' mi, vous l' direz,
Aïant si peu d' chance
Avec ses portraits.

I l' fait vite, et l' plache à l' vitrine.
Je m' mets derrière un tas d' curieux
Qui ditt'nt : « Cristi, ch'est bien là s' mine !
» Il est frappant !... » Mi, tout joyeux,
In d'mandant : Qui qu' ch'est ? je m' rapproche...
Chacun m' répond, d' méchante humeur :
« A moins d'avoir ses yeux dins s' poche,
On dot bien vir que ch'est l'Imp'reur ! ! ! »

N'y-a point d'homme in France,
Comm' mi, vous l' direz,
Aïant si peu d' chance
Avec ses portraits.

In vérité, ch'est bien cocasse :
Je m' vos queq'fos brun, queq'fos blond ;
Sur l'un, j'ai l' nez comme un pot d' tasse,
Sur l'aute il a six pouces d' long.
L'aut' jour on m'a fait l' dije-huitième,
Mais, pour tacher qu'on n' s'abuss' pus,
Et qu'on l' prenne, infin, pour mi-même,
J'ai pris l' parti d' mett' min nom d'sus.

 N'y-a point d'homme in France,
 Comm' mi, vous l' direz,
 Aïant si peu d' chance
 Avec ses portraits.

Envoi.

Mais, l' pur' vérité forche m' voisse,
A dir' qu'un photographe in r'nom,
Qui reste dins l' rue d'Ecrémoisse,
Et qu'on appell' Monsieur LYON,
A fait min portrait, pour einseinne.
On peut l' vir, il est accroché
Dins l' rue du Curé-Saint-Etienne...
Ah ! ch'ti-là, ch'est mi tout craché !

 In veyant m' prestance,
 Mes yeux, tous mes traits,
 Chacun vante m' chance
 Avec mes portraits.

15 centimes la Livraison.

CHANSONS ET PASQUILLES LILLOISES

Par DESROUSSEAUX

4e volume.

Le Vieux Cabaret

Air nouveau de l'auteur,

Noté dans l'Almanach MES ÉTRENNES (1861).

On n' f'ra bétôt pus d' différeince
Intre l' Café, l'Estaminet ;
Eun' Cantin', même, à l'appareince,
Peut passer pour un Cabaret.
Aussi, j' vas vous r'tracer l' modèle,
D'un vieux Cabaret d' no pays,
Certain, si vous m' prêtez l'orelle,
Qu' vous direz comm' mi, mes amis :

    V'là, trait pour trait
      L' portrait
    Du vieux cabaret. (bis)

Et d'abord, veyons l' devanture :
Elle est barbouillée au p'tit-blanc,
Mais l' bois'rie, pour mieux fair' figure,
Est peinte à l'huile, in vert brillant.

1863

A l' porte vitrée, à l' ferniête,
(On n'in veyot point d'aut's dins l' temps),
Vettiez ches rideaux d' cotonnette,
A grands carreaux roug'-brique et blancs.

    V'là, trait pour trait,
       L' portrait
    Du vieux cabaret.

Introns-y. Veyons l' tapiss'rie :
I vous s'ra permis d'in doûter,
Mais ch'est l'ancienn' guerr' d'Italie
Qu'on a prétindu r'présinter.
Ch'est sûr, car, malgré qu'on y colle,
A chaque usure, un p'tit tassiau,
On découvre su' l' pont d'Arcole
Bonaparte avec sin drapeau.

    V'là, trait pour trait,
       L' portrait
    Du vieux cabaret.

Mais quittez, des yeux, l' pont d'Arcole,
Au plafond, min dogt vous conduit,
Pour vettier, dins s' petit' guéole,
Un canarien qui s' réjouit.
In acoutant canter cheull' biête,
Surtout n'obliez point l' pus biau :
Ch' petit Bacchus servant d' molette, (*)
Assis grav'mint sur un tonniau.

(*) Poulie.

> V'là, trait pour trait,
>   L' portrait
> Du vieux cabaret.

Après cha, j' peux vous l' dir' sans craintes,
Vous pourmir'rez comme mi, mes gins,
Tous ches pots, ches canett's, ches pintes,
Si prop's qu'on vot sin portrait d'dins.
Vous r'marqu'rez, surtout, ches vaclettes
Nuit et jour rinpli's d'un bon fu,
Et, pour débourrer les pipettes,
Ch' petit clo, à l' porte, peindu.

> V'là, trait pour trait,
>   L' portrait
> Du vieux cabaret.

Mais l' leumièr' n'est point d' ches pus bielles?...
A cha, je n' vous dirai qu' deux mots :
Vettiez, d'ichi, ches tros candelles,
Brûlant dins des grands cand'lés d' bos.
Vous verrez, sans mett' des leunettes,
Quand eun' candelle a l' nez trop long,
Qu'on fait, d' ses dogts, des émouquettes,
Pour li coper sans pus d' façon.

> V'là, trait pour trait,
>   L' portrait
> Du vieux cabaret.

Allez-y dins l' cœur de l' semaine,
Vous n'y verrez qu' des habitués.
On in compte, au puque, eun' douzaine,
In deux sociétés, séparés.

Tout du long d' l'ainnée, à l' même plache,
Avé l' mêm' plaisi, l' même ardeur,
Les six premiers jutt'nt au *mariache*,
Et les aute' au *piquet-voleur*.

   V'là, trait pour trait,
    L' portrait
   Du vieux cabaret.

Au mitan d'eusse, l' cabar'tière,
Est eun' poule avec ses pouchins.
Connaichant l' fond d' leu caractère,
Ell' les accable d' ses p'tits soins.
Dins l'hiver, ell' cuit des puns-d'-tierre
Et les offre à tout un chacun.
Pa' ch' moyen, comm' cha les altère,
Ell' vind deux pots d' bière au lieu d'un.

   V'là, trait pour trait,
    L' portrait
   Du vieux cabaret.

Ch'est aut' coss', les dimanche' et fiètes,
Autour de ches grand's table', assis,
Vous n' verrez, buvant leus canettes,
Qu' des gin' à visach's réjouis.
D'un grand cœur les intindant rire,
Pa' l' jus d' houblon émoustillés,
Vous n' porrez vous impêcher d' dire
Qu'on trouve l' bonheur à peu d' frais.

   V'là, trait pour trait,
    L' portrait
   Du vieux cabaret.

L' Graingnard

Air du *Cousin Myrtil*, de l'auteur,

Noté dans le 3ᵉ volume.

Eun' canchon a couru dins Lille,
Sur un homm' qu'on appell' Myrtil,
Et pourtant ch' l'espèce d' Basile,
N'a d' l'esprit qu'au prémier d'Avril.
Mi, j' viens vous parler d'un luron fort drôle,
Qui s'a fait r'marquer par pus d'un bon tour;
On peut dire d' li, qu' pour bien juer sin rôle,
I busit par nuit les farc's qu'i f'ra l' jour.

    Queu graingnard
    Que ch' capon d' Gaspard!
    Mon Dieu, queu graingnard! *(bis.)*

Un dimanche, i rincontre eun' veufe
Vielle et laide, un vrai purgatif!

I s' déclare in dijant, pour preufe
De s'n amour : « Ch'est pou l' bon motif. »
Accepté tout d' suite, à cheull' vieill' drôlesse,
Pindant pus d'un mos, prouve s'n amitié ;
Ch' n'est qu'in s'in allant pou s' mette d' promesse,
Qu'i li-a fait savoir qu'il étot marié.

   Queu graingnard
   Que ch' capon d' Gaspard !
   Mon Dieu, queu graingnard !

A les noc's de m' cousine Adèle
Et d' Ritin, l'ancien postillon,
Il incrache avec eun' candelle,
Les crins d' l'archet du jueu d' violon.
Et ch' pauv' musicien, sourd comme eun' cravache,
Ne s' doutant de rien, raclot d' tout sin mieux ;
I n' compernot point qu'on n' bougeot point d' plache,
Malgré qu'i criot ferme : *In avant deux !!*

   Queu graingnard
   Que ch' capon d' Gaspard !
   Mon Dieu, queu graingnard !

In veyant que l' mariant s'apprête,
Ainsi que s' femme à nous quitter,
Min farceu n' s'in va-t-i point mette,
Dins leus draps du poil-à-gratter !
Aussi ch' pauv' Ritin, il l' racont' li-même,

N'a point serré l'œul eun' minut' de l' nuit ;
In s' grattant qu'au sang, i dijo' à s' femme :
« Mon Dieu ! combien d' puch's qui n'y-a dins tin lit ! »

   Queu graingnard !
   Que ch' capon d' Gaspard !
   Mon Dieu, queu graingnard.

Eune aut' fos (queus les manigances !
 Ch'est vraimint d' pus for' en pus fort !)
 Il invoie à ses connaissances,
 Des billets, pour annoncer s' mort.
A l'heure indiqué' pour que l' diable importe,
A s' dernièr' mason, ch' roi des injoleux,
Avec grand fracas, v'là qu'il ouvre l' porte,
In riant d' bon cœur comme un bienheureux.

   Queu graingnard
   Que ch' capon d' Gaspard !
   Mon Dieu, queu graingnard !

 Mais d' ses farces, v'là l' pus comique :
 In faijant ricdoul, un lundi,
 Avec des garchons de s' boutique,
 Au cabaret du *Coq-Hardi*,
I court, in much'-muche, à l'apothicaire,
Et puis, profitant de l' conversation,
I met du jalap dins les verr's de bière...
I n' faut point vous dire à queulle intintion.

Queu graingnard
Que ch' capon d' Gaspard !
Mon Dieu, queu graingnard !

Mais, v'là l' pire, au bout d'eun' bonne heure
Cheull' méd'cine a produit s'n effet.
In pinsant que l' bièr' les écœure,
Les chochons veutt'nt boir' du café.
Presque au mêm' moumint, chaque homm' quitte l' table,
Et veut s'in aller du côté de l' cour,
Mais ch' mâtin d' Gaspard, pus malin que l' diable,
Avot fait serrer l' porte à doubel tour.

Queu graingnard
Que ch' capon d' Gaspard !
Mon Dieu, queu graingnard !

Ah ! mes gins, si j' povos vous dire
Tous les tours qu'a faits ch'l homm' d'esprit,
Vous l' croirez, nous pass'rime' à rire
Pus d' six semaine', autant l' jour que l' nuit.
Mais, de ch' malicieux, chin qu'i n'y-a d' cocasse,
Ch'est qu'on n' peut jamais savoir l'intintion,
Et qu' n'importe qui, veyant s'n air bonnasse,
N' porrot li r'fuser Dieu sans confession.

Queu graingnard
Que ch' capon d' Gaspard !
Mon Dieu, queu graingnard !

15 centimes la Livraison.

CHANSONS ET PASQUILLES LILLOISES
par DESROUSSEAUX

4me volume.

L'Avaricieux

Air du *Manoqueux*, de l'auteur,

Noté dans l'Almanach MES ÉTRENNES, (1860).

Un homme d' min voisinache,
Pèr' Crasseux ch'est sin sournom,
A forche d' prêter sur gache,
A des écu' à foison.
Vous direz de ch' vieux basile,
Quand vous sarez tout comm' mi,
Qu'on n' porot trouver dins Lille
Un pingre parel à li :

« Ah ! l' roi des avaricieux,
 Ch'est l' pèr' Crasseux ! *(bis)* »

Quoique s' fortun' li permette
D'acater des biell's masons,
I reste au fond d'eun' courette,
Et dins l' pus sâl' des taudions...
Un poêle, eun' table, eun' soupière,
Un vieux lit sans oriller,

Un grand banc servant d' quéyère,
V'là l' pus biau d' sin mobilier.

Ah ! l' roi des avaricieux,
  Ch'est l' pèr' Crasseux ! *(bis)*

A l' vir avécque s' vieill' veste,
Sin patalon rapièch'té,
Sin gilet, s' cravatte et l' reste,
On li f'rot la charité.
De s' veste l'étoffe est forte,
Car, je l' dis sans badiner,
V'là l' vingtième ainnée qu'i l' porte,
Tout d'puis qu'il l'a fait r'tourner.

Ah ! l' roi des avaricieux,
  Ch'est l' pèr' Crasseux ! *(bis)*

Un jour qu'il avot fait faire
D'eun' salopette, un cainn'çon,
Au tailleur, un pauv' grand-père,
I d'mande l' prix de s' façon.
— *Cha s'ra l'argint d'un pot d' bière,* (*)
Dit l' tailleur, mais l' vieux malin
Donn' huit sous, dijant : « Compère,
Vous irez l' boire à Lesquin. » (**)

Ah ! l' roi des avaricieux,
  Ch'est l' pèr' Crasseux ! *(bis)*

(*) C'est-à-dire : 50 centimes.

(**) A Lesquin, comme dans la plupart des communes des environs de Lille, la bière se vend 40 centimes le *pot* ou double-litre.

I' sait chin qui fait, l' vieux rinse.
Les gins de l' répartition,
In l' jugeant sur l'appareince,
L'eximptent d' contribution.
Quand j' pins' que min quien *Fidèle*,
Qui n'a rien dins l'univers,
Est taxé d' cot' personnelle,
J' dis que l' mond' va tout d' travers.

Ah ! l' roi des avaricieux,
    Ch'est l' pèr' Crasseux ! *(bis)*

A vingt ans, pour eun' fillette,
Si sin cœur a palpité,
Ch'est qu' l'amour est un grand maîte
Qui nous plie à s' volonté.
Mais l'avarice est l' pus forte,
Dins l' cœur d'un tel ostrogoth,
Puisqu'il a mis s' femme à l' porte,
Prétindant qu'elle' maingeot d' trop.

Ah ! l' roi des avaricieux,
    Ch'est l' pèr' Crasseux ! *(bis)*

Parlons-in de s' norriture :
S'i fait queq'fos du bouillon,
I n'imploie jamais, j' vous l' jure,
D'aut' chair qu'eun' tiête d' mouton.
Mais l' pus souvint, s'n ordinaire,
Ch'est eun' pièch' de pain tout sec ;
Quand i s' régale d' puns-d'-tierre,
Il aval' les p'lure' avec.

Ah ! l' roi des avaricieux,
    Ch'est l' pèr' Crasseux ! *(bis)*

Avec un parel système,
I s'a défait l'estomac.
Comme eun' rappe il a l' teint blême ;
Il est maigre comme un cat.
Croirez-vous que ch' platellette,
Qui, pourtant, craint bien d' morir,
Quand l' méd'cin n'ordonn' point l' diète,
I li dit de n' pus r'venir.

Ah ! l' roi des avaricieux,
    Ch'est l' pèr' Crasseux ! *(bis)*

A quoi li sert d'èt' si chiche ?
I dot pourtant bien l' savoir :
Pour un mort, pauv' tout comm' riche,
Six pieds d' tierr', ch'est tout s'n avoir.
Quand i tourn'ra l'arme à gauche,
Et qu'i laira là s'n argint,
Ses héritiers f'ront bamboche
Et diront d'un air contint :

« Ah ! l' roi des avaricieux,
    Ch'est l' pèr' Crasseux ! » *(bis)*

L' Pana

Air du *Carnaval*, de l'auteur,

Noté dans le 2e volume.

Rosette est heureuss' comme eun' reine,
Dins sin ménache, avé D'siré,
N'y-a qu'eun' séquoi qui li fait peine,
Ch'est d'avoir un garchon timbré.
Aussi, l'aut' jour, in buvant s' pinte
Avec Célina, l' femm' Chabot,
Elle a débité cheull' complainte
Que j' m'in va vous r'dir' mot pour mot :

« Ch'est bien triste, allez, Célina,   ⎫
D'avoir un garchon si pana »   ⎬ *bis*.
                                         ⎭

« Figurez-vous que ch' grand basile
Ara dije-huit ans dins tros mos ;
Qu'il est ombrageux, pir' qu'eun' fille
Qui va danser pou' l' premièr' fos ;

Car, s'il arriv' qu'eun' jeun' fillette,
A m' mason, jett' les yeux sur li,
I prind de l' poudre d'escampette,
Et va s' mucher derrièr' sin lit.
Ch'est bien triste; allez, Célina,
D'avoir un garchon si pana. »

« Au reste, on li fait croir' que l' diable
Est un carbonnier du Réduit,
Qui prind sin costume effroyable,
Quand sonne l' dernier cop d' minuit.
I crot qu' les soldat' ont des sabres
Pour écorcher les loups-garous ;
Qu'i pouss' des poir's-cuit's su' les abres,
Et qu' les infants vienn'nt dins les choux. »
« Ch'est bien triste, allez, Célina,
D'avoir un garchon si pana. »

« Eun' fos, je l' mène à l' Comédie.
(Je n' sais quoi fair' pou' l' dégourdir),
Avant que l' pièche n' sot finie,
V'là-t-i point qu'i d'mande à partir.
Moutrant les acteurs, i m' dit : « Mère,
Comm' mi, vous conviendrez, du moins,
Qu' ches gins parl'ront mieux d' leu-z-affaire,
Quand i n'aront pus tant d' témoins. »

« Ch'est bien triste, allez Célina,
D'avoir un garchon si pana. »

« Eune aut' fos, j' li fais cheull' morale :
Au lieu d' briscader tout t'n argint,
Te d'vros faire eune éparnemale,
Et t'acater un rhabill'mint.
I suit min consel... Bielle avanche !
Aïant pris s' bourse, sans m' dir' mot,
I m' rapporte, par un dimanche,
Un vilain déguis'mint d' pierrot. »

« Ch'est bien triste, allez, Célina,
D'avoir un garchon si pana. »

« Un jour que m'n homme avot fait prousse, (*)
Aïant d' l'amour, un r'venez-y,
I m' cajol', m'imbrass', mi j' le r'pousse,
Autant pour fair' durer l' plaisi.
Vettiant pa' l' ferniêt', min jocrisse
Crot bonn'mint que j' veux me r'biffer...
Est-ch' qui n' court point quèr' la police,
Dijant qu' sin pèr' veut m'étouffer ! »

« Ch'est bien triste, allez, Célina,
D'avoir un garchon si pana. »

(*) Ribote.

« Heureus'mint qu'eun' séquoi m' console,
Ch'est qu' quand s' vingtième ainné' sonn'ra,
L' gouvernemint prindra min drole,
Et l' régimint l' délicot'ra...
Eh ben ! quoich' que j' viens d' dir', commère ?
Quoi ! faudrot m' séparer d' min fieu !
Non, non, avant tout, j' sus bonn' mère...
Pernez que j' n'ai rien dit, mon Dieu ! »

« Quoiqu' ch'est triste, on in conviendra,
D'avoir un garchon si pana. »

www.ingramcontent.com/pod-product-compliance
Lightning Source LLC
Chambersburg PA
CBHW060932050426
42453CB00010B/1981